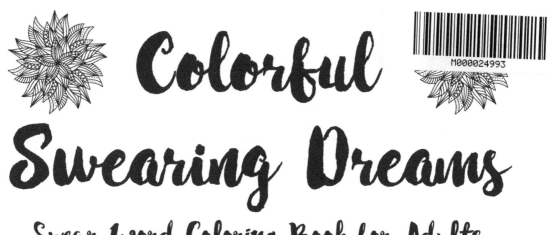

Colorful Swearing Dreams

Swear Word Coloring Book for Adults

IS YOUR STRESS LEVEL HIGH?
DO YOU WANT TO SWEAR OUT LOUD
TO LEVEL IT DOWN?
THIS BOOK WILL KICK YOUR STRESS AWAY!

Multiple studies revealed that coloring mandalas, geometric patterns & other shapes helps reduce stress and anxiety for adults.

This swear word coloring book will allow you to enter in a relaxed state by focusing in what you are doing and blocking out the nonstop thinking or other distractions. Those swear word designs will make you laugh and relieve your stress by expelling your negative thoughts.

This book contains 20 pages of beautiful & intricate designs mixing up with funny swear words that will connect with you.
Each page is single-sided for getting the best coloring experience.

TIME TO COLOR THE STRESS AWAY!

Colorful

Swearing Dreams

Swear Word Coloring Book for Adults

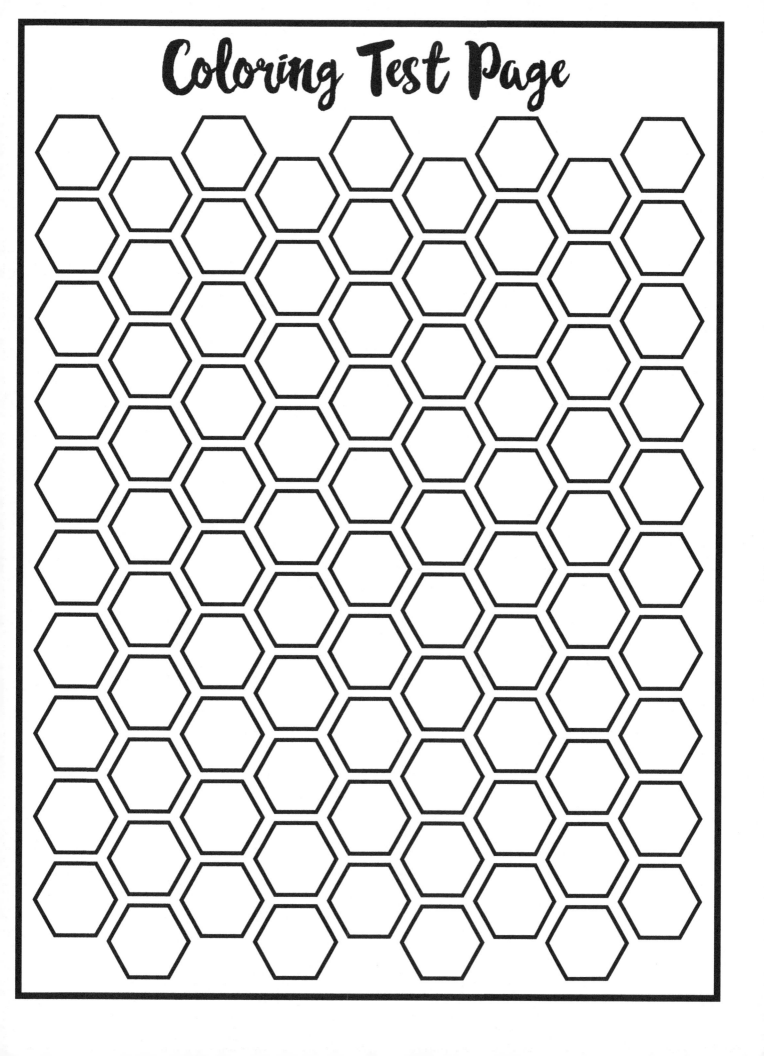

Colorful Swearing Dreams

Swear Word Coloring Book for Adults

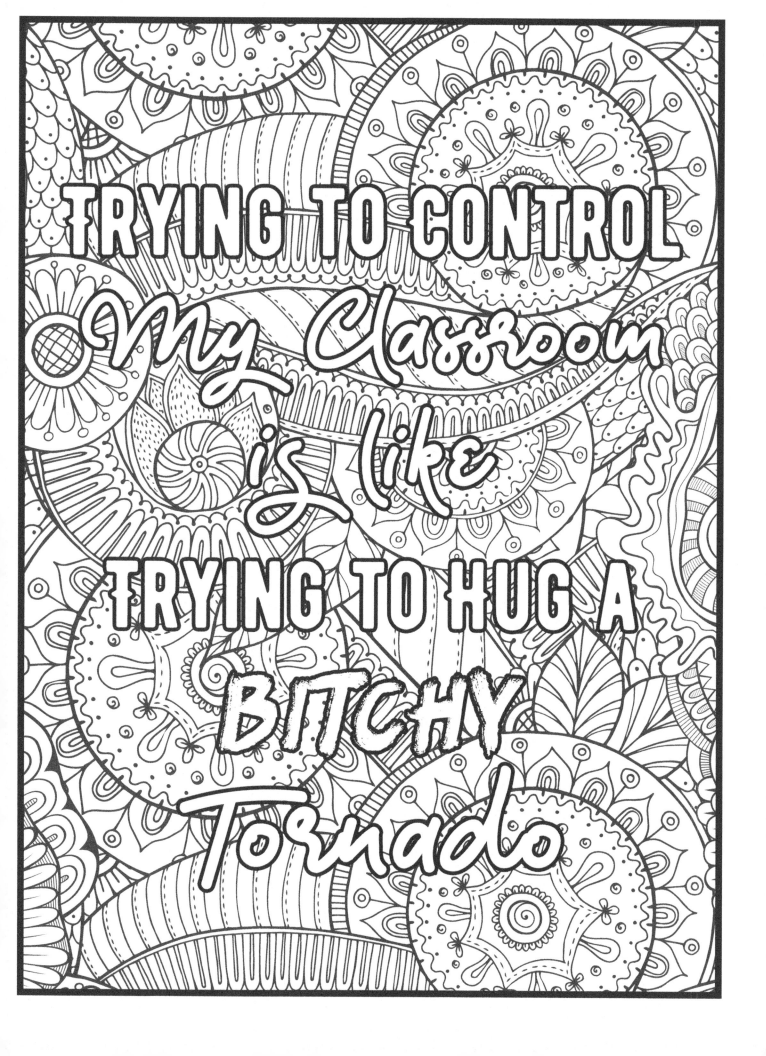

Colorful Swearing Dreams

Swear Word Coloring Book for Adults

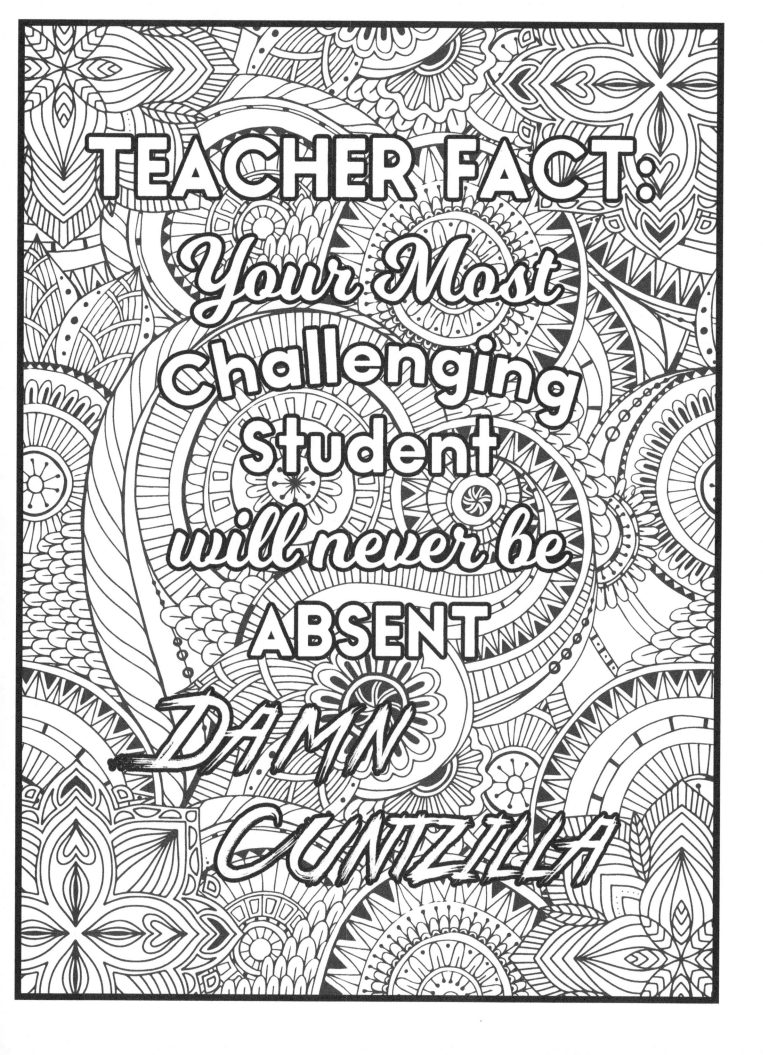

Colorful Swearing Dreams

Swear Word Coloring Book for Adults

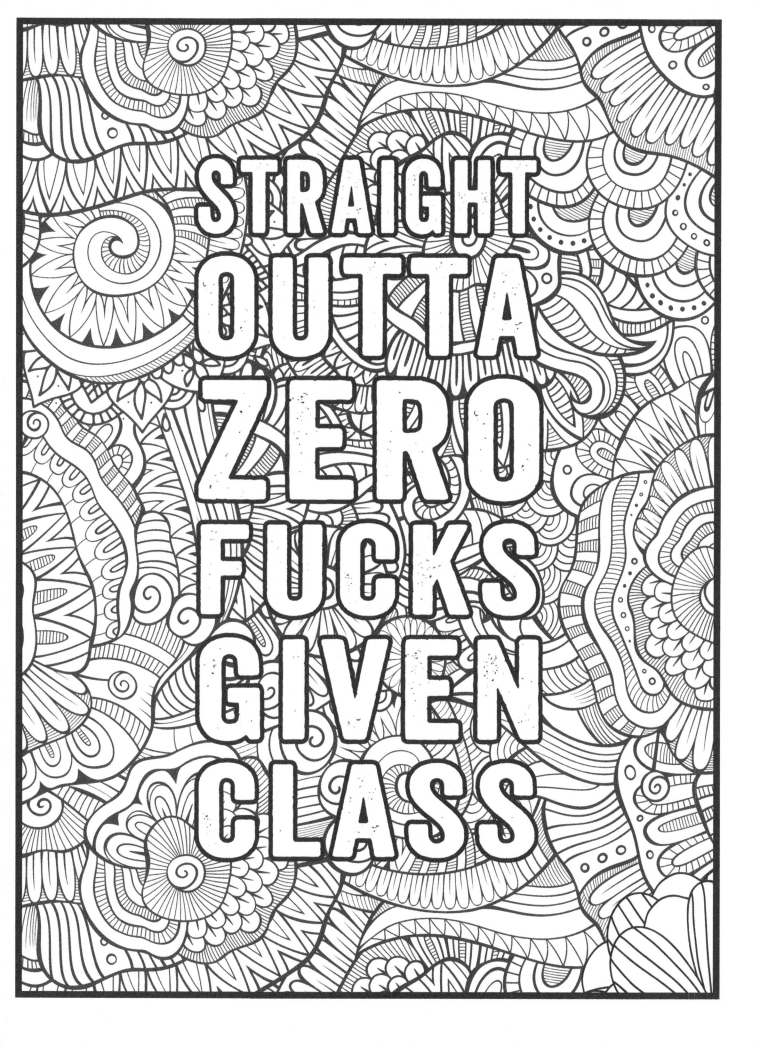

Colorful Swearing Dreams

Swear Word Coloring Book for Adults

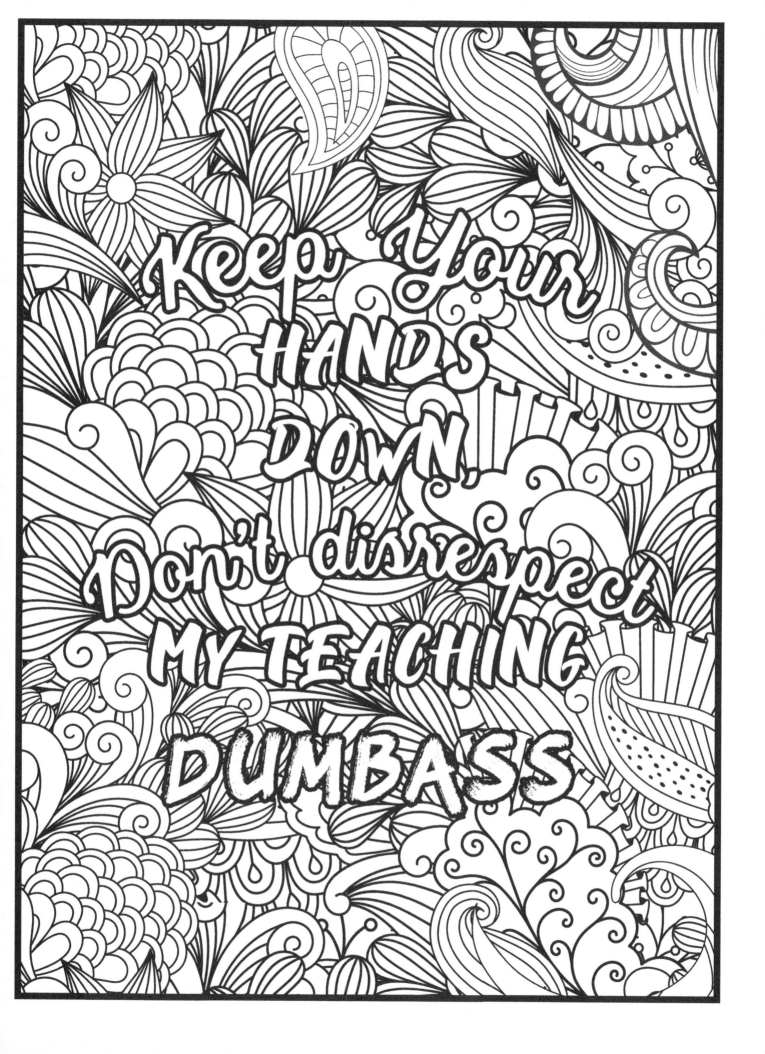

Colorful Swearing Dreams

Swear Word Coloring Book for Adults

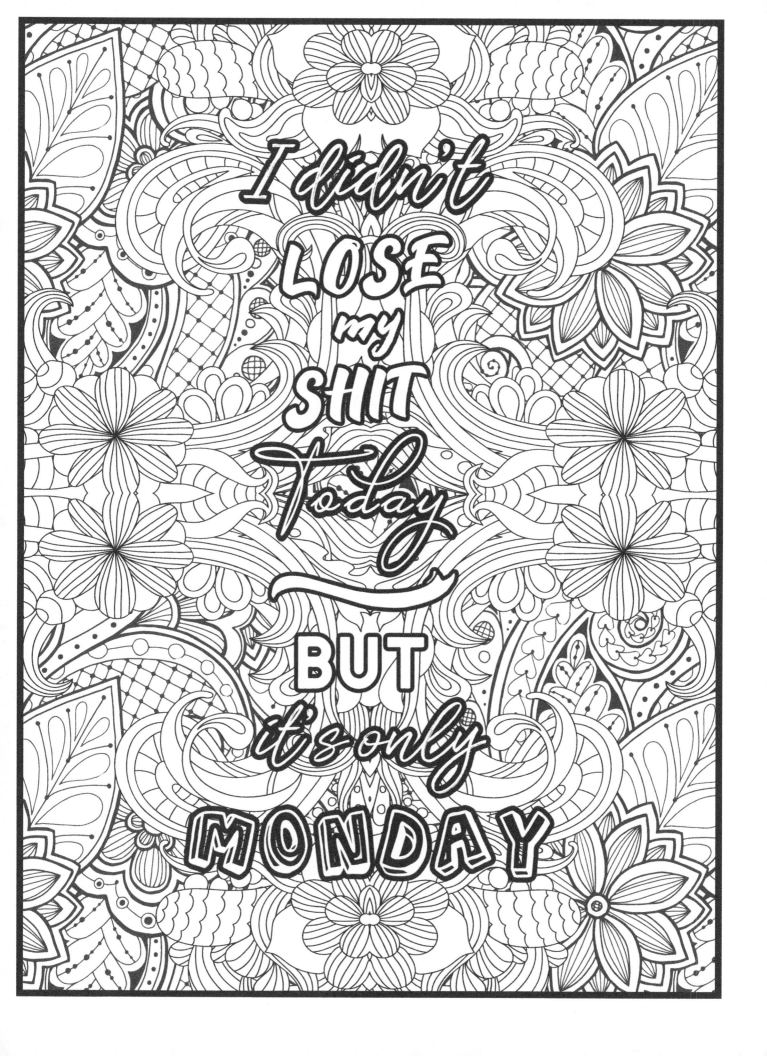

Colorful Swearing Dreams

Swear Word Coloring Book for Adults

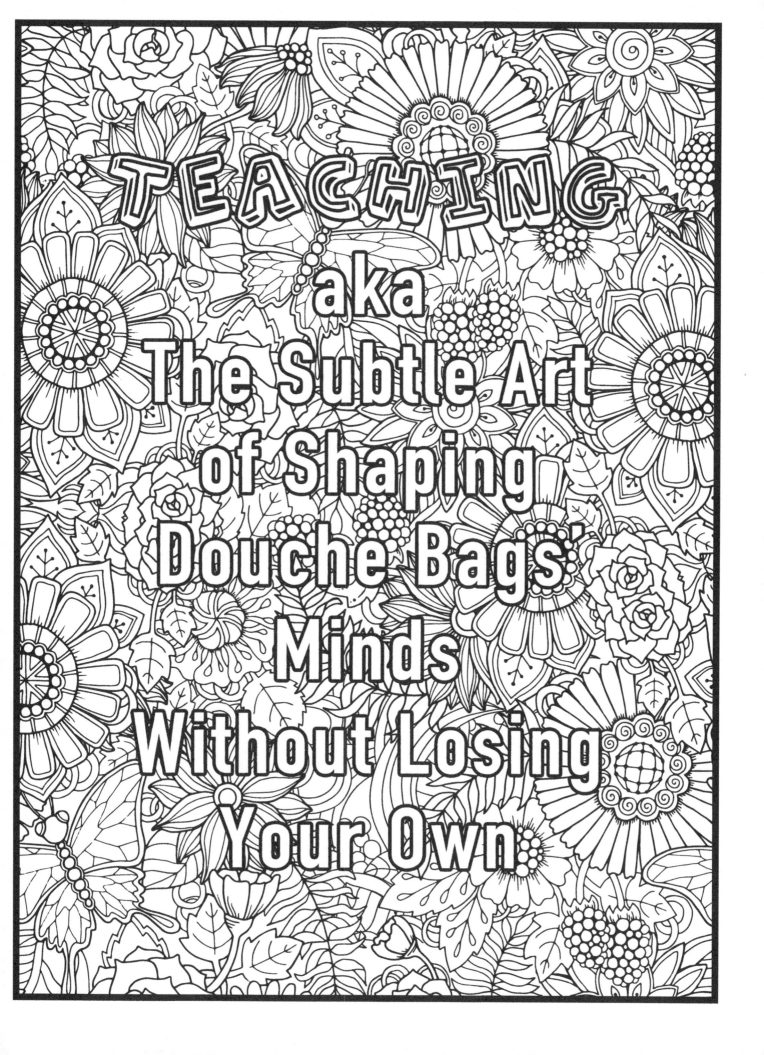

Colorful Swearing Dreams

Swear Word Coloring Book for Adults

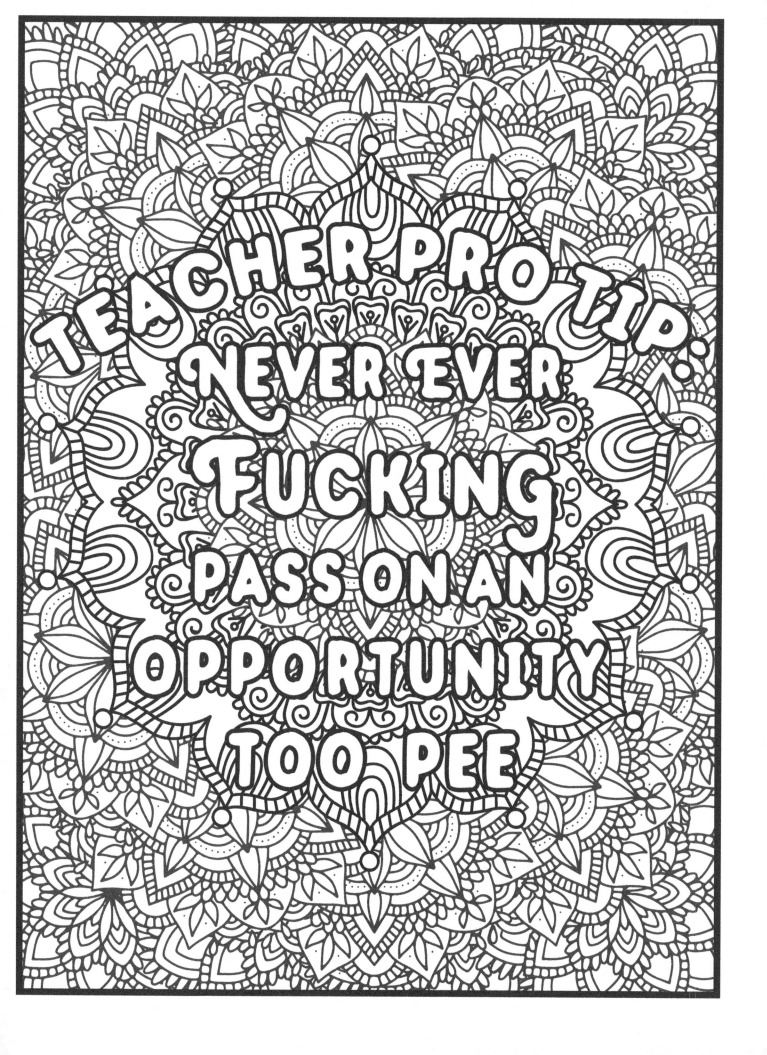

Colorful Swearing Dreams

Swear Word Coloring Book for Adults

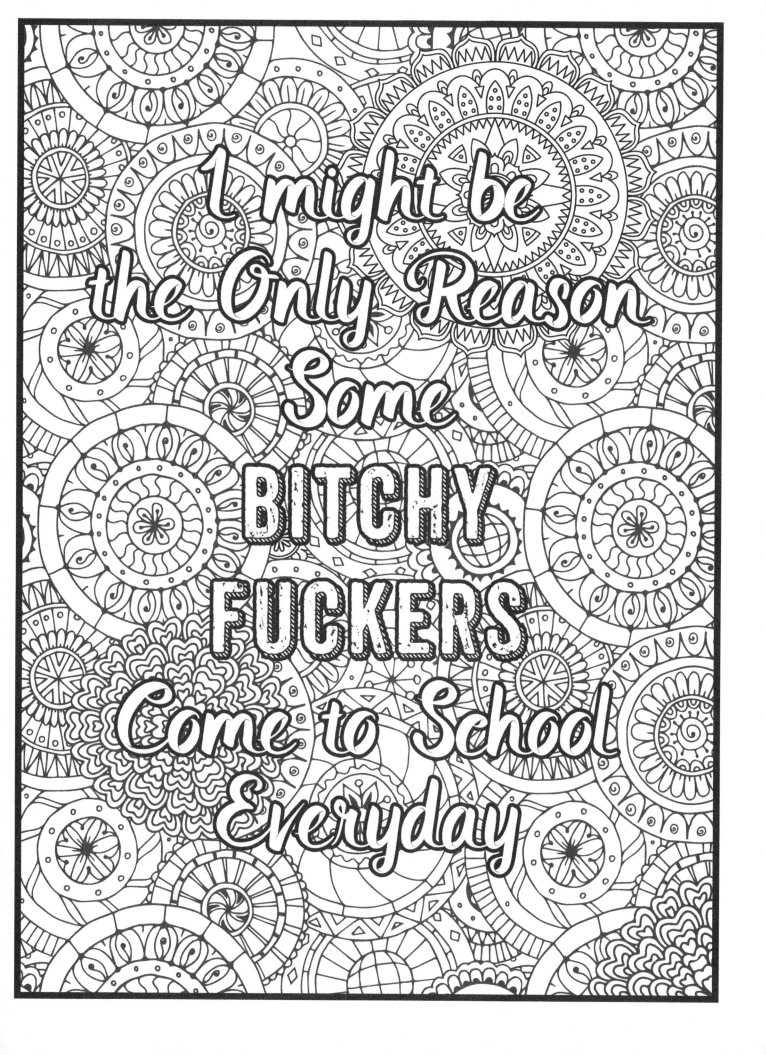

Colorful

Swearing Dreams

Swear Word Coloring Book for Adults

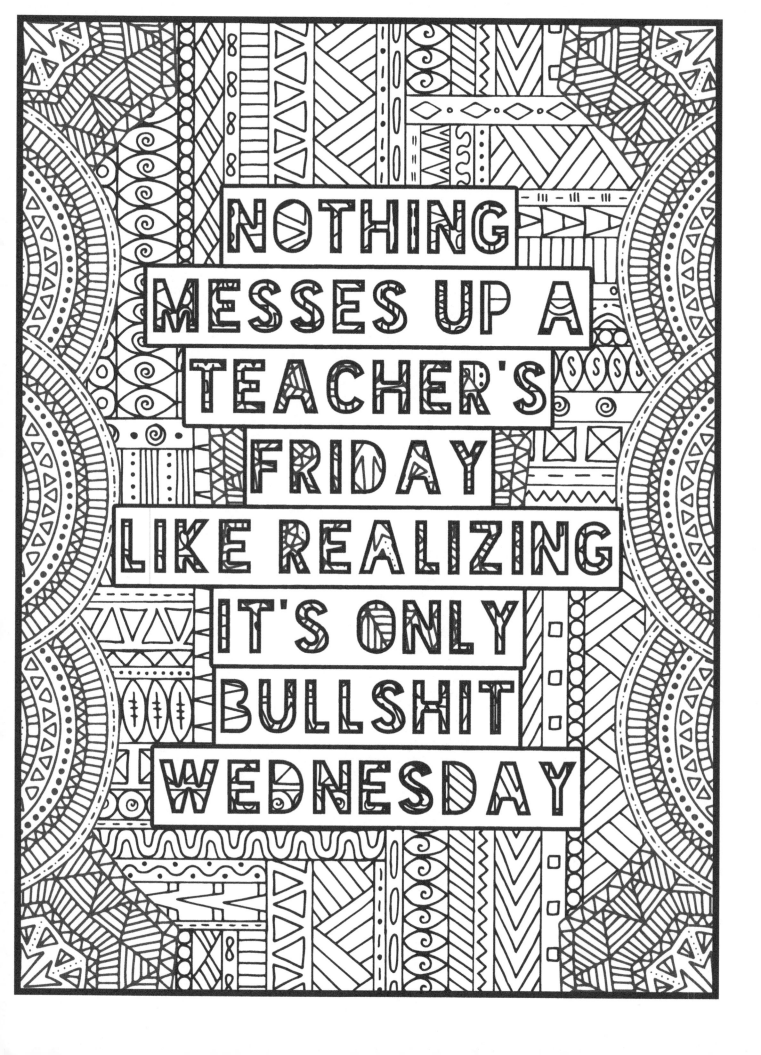

Colorful

Swearing Dreams

Swear Word Coloring Book for Adults

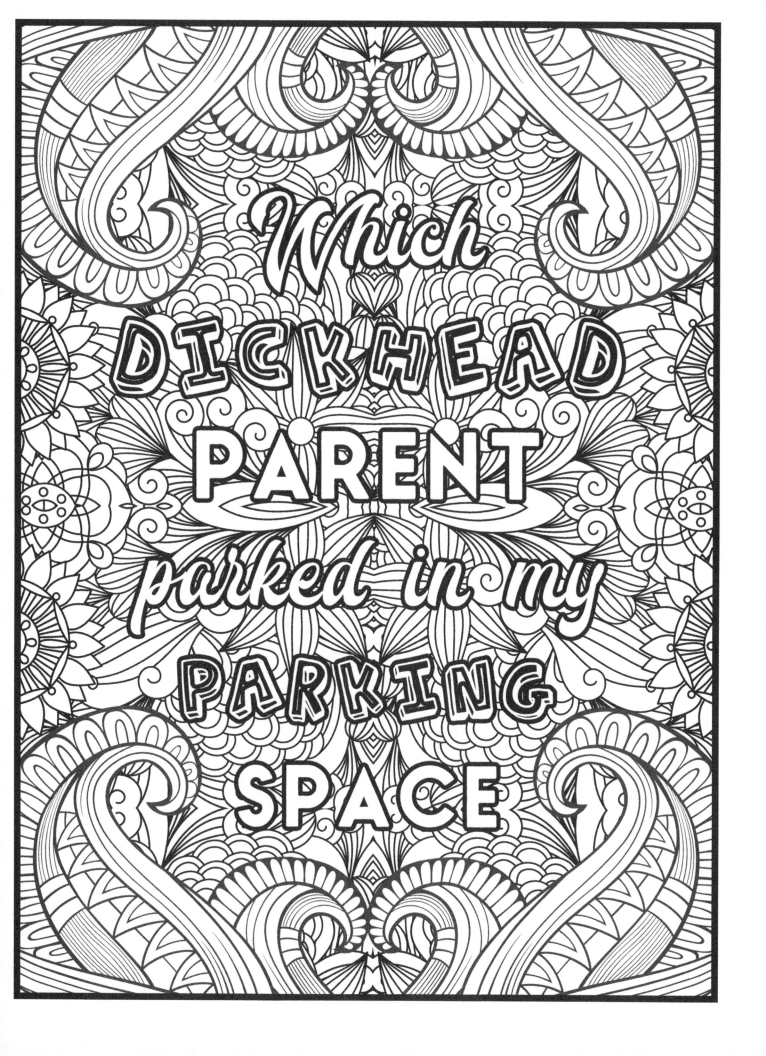

Colorful

Swearing Dreams

Swear Word Coloring Book for Adults

SWEARY ACTIVITIES
HOW TO PLAY

CROSSWORDS

It's a word puzzle in which you have to fill the white squares with letters, forming words, by solving clues (referenced with numbers), which lead to the answers. The words read from left to right (horizontal) and from top to bottom (vertical).

WORD SEARCHES

It's a word puzzle in which the letters of words are laced in a grid. The goal is to find and mark all the words hidden inside the grid. The words are placed from left to right (horizontally) or top to bottom (vertically) only.

CRYPTOGRAMS

It's a word puzzle that consists of a short piece of encrypted text. Each letter of the original text, that needs to be unveiled, has been replaced by another letter consistently throughout the text.

Let's keep it simple so let's see an example :

RONTQMSL AMVN T YWFJNQIZXVNQ
SWEARING _ _ _ _ _ _ _ _ _ _ _ _ _ _ _ _ _ _

Now once you solved the puzzle, each letter will be represented by another letter.

RONTQMSL AMVN T YWFJNQIZXVNQ
SWEARING LIKE A MOTHERFUCKER

In this case, the letter S has been replaced by R, W by O, E by N, and so on. Little by little you will start to unveil the sentence and start to laugh!

ALL SOLUTIONS ARE SHOWN AT THE END OF THE BOOK

Colorful
Swearing Dreams

Swear Word Coloring Book for Adults

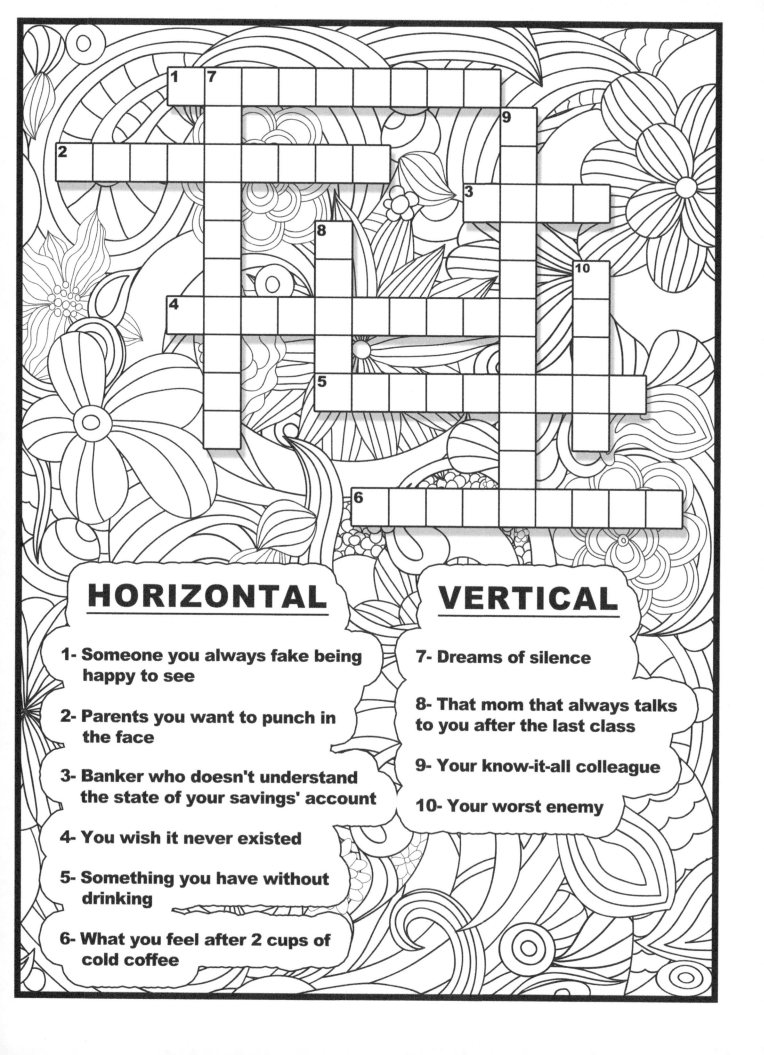

HORIZONTAL

1- Someone you always fake being happy to see

2- Parents you want to punch in the face

3- Banker who doesn't understand the state of your savings' account

4- You wish it never existed

5- Something you have without drinking

6- What you feel after 2 cups of cold coffee

VERTICAL

7- Dreams of silence

8- That mom that always talks to you after the last class

9- Your know-it-all colleague

10- Your worst enemy

Colorful Swearing Dreams

Swear Word Coloring Book for Adults

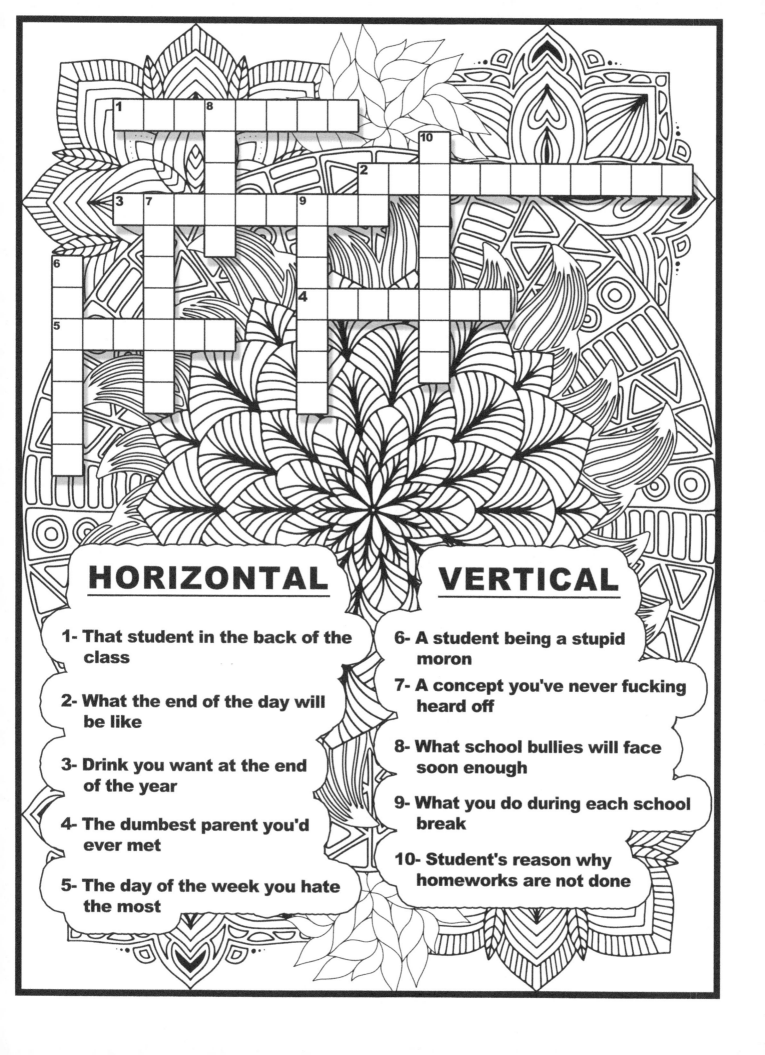

HORIZONTAL

1- That student in the back of the class

2- What the end of the day will be like

3- Drink you want at the end of the year

4- The dumbest parent you'd ever met

5- The day of the week you hate the most

VERTICAL

6- A student being a stupid moron

7- A concept you've never fucking heard off

8- What school bullies will face soon enough

9- What you do during each school break

10- Student's reason why homeworks are not done

Colorful Swearing Dreams

Swear Word Coloring Book for Adults

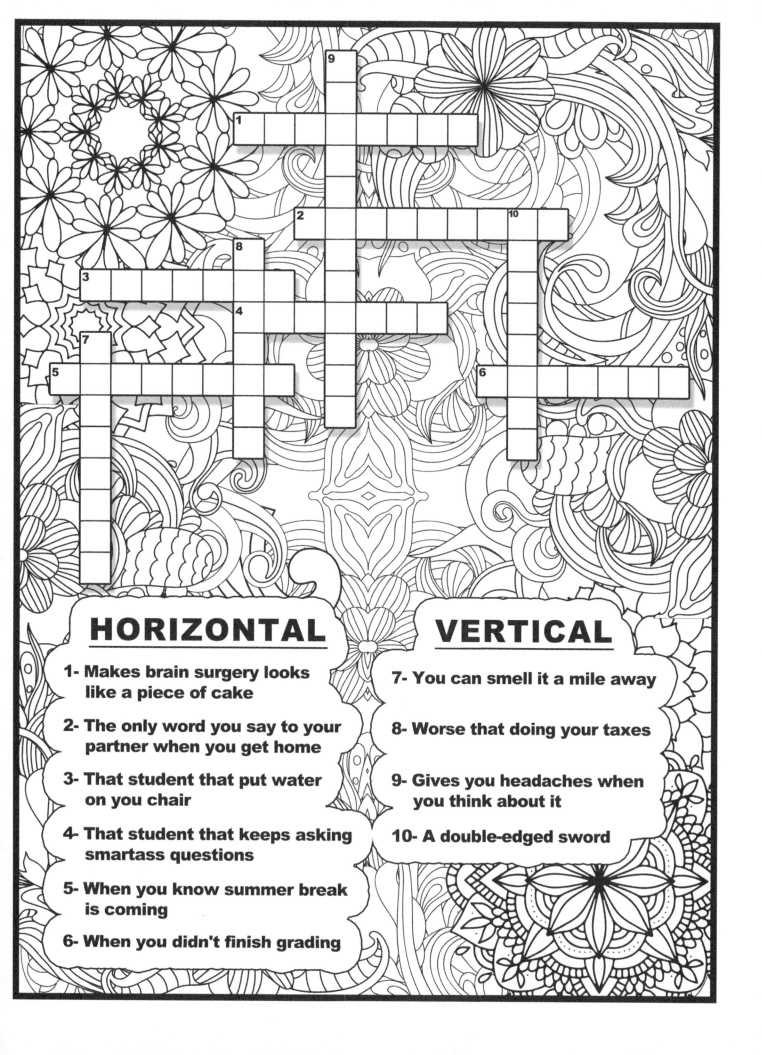

HORIZONTAL

1- Makes brain surgery looks like a piece of cake

2- The only word you say to your partner when you get home

3- That student that put water on you chair

4- That student that keeps asking smartass questions

5- When you know summer break is coming

6- When you didn't finish grading

VERTICAL

7- You can smell it a mile away

8- Worse that doing your taxes

9- Gives you headaches when you think about it

10- A double-edged sword

Colorful Swearing Dreams

Swear Word Coloring Book for Adults

SWEARY WORD SEARCH

Four letter words you know pretty well

```
A  S  D  W  J  I  Z  Z  S  A  Y
R  L  A  M  S  D  J  C  O  C  K
S  U  M  J  P  O  K  T  A  R  D
E  T  N  D  I  C  K  C  G  Q  V
J  E  R  K  S  I  Z  R  X  P  T
W  T  I  T  S  Y  P  A  S  J  U
R  C  T  U  P  O  O  P  H  K  R
H  E  L  L  C  B  D  P  I  N  D
R  S  L  A  G  U  U  A  T  O  V
V  C  U  N  T  T  M  V  I  B  M
T  A  W  Z  N  T  B  F  U  C  K
```

FUCK	HELL	JIZZ
SHIT	TURD	PISS
CUNT	POOP	SLUT
CRAP	JERK	ARSE
DUMB	BUTT	TITS
DAMN	COCK	KNOB
DICK	TARD	SLAG

Colorful
Swearing Dreams
Swear Word Coloring Book for Adults

SWEARY WORD SEARCH

What Teachers think of annoying parents

```
V T O B G D E W R H U C A B D U X N B O P G
D D H P Q H D U M B A S S W W O X Q Z Q L O
W J M O T H E R F U C K E R M F V E R B H V
C R A C K W H O R E C N T G V I B J P J Q R
A S S C L O W N C W L G Y B P D B C F Z M J
Q E X I N G F S B W I O F A S S S H I T L D
X N L U T A L J Y S T F H P Q B G R Z R P A
Z F F M F S T H O V F H F C U N T Z I L L A
S H I T H E A D X M A F U X H V G K E Y A N
V P L L N P S Z H Y M C U C H J U D B A N S G
I W W J W I M S O C E C K W D E J A S M S C
V E S J A K P V F O V K I S C H Z O S R B U
M O R O N J B U U C T W N R P Z S U M E A X
B D J D K G K Q C K T I G A W P A O O Z G Q
S W C X E I U J K S B T C C M O R O N S I A
F Y J F R G A N E U K O U Q U C F K K P E Q
F U C K T A R D R C Z Y N W E J O F E O Z U
W W H O R E F V P K L P T G P Q O H Y W Q B
B O L L O C K S W E C Z Y H F J D X A Q H W
X S Y S Z I C J X R K Z W U B L W D M Z F Y
F Y G T O E Q H O F A T A S S W E R S B X D
M F F R Y Q H F T D E E D A M J O Z D Z F B
```

DUMBASS
FUCKTARD
FUCKWIT
CUNTZILLA
MORON
WANKER
FATASS

MORON
FUCKER
COCKSUCKER
SHITHEAD
WHORE
ASSBAG
IDIOT

ASSCLOWN
ASSFACE
ASSMONKEY
ASSSHIT
BOLLOCKS
CLITFACE
CRACKWHORE

Colorful Swearing Dreams

Swear Word Coloring Book for Adults

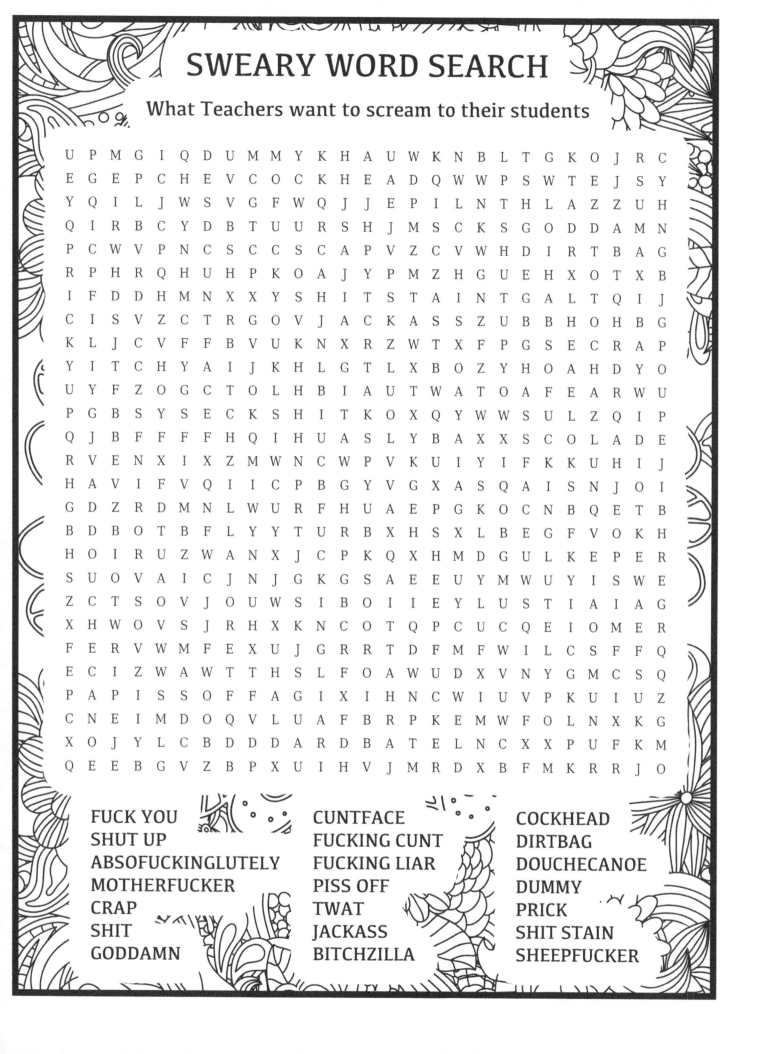

SWEARY WORD SEARCH

What Teachers want to scream to their students

```
U P M G I Q D U M M Y K H A U W K N B L T G K O J R C
E G E P C H E V C O C K H E A D Q W W P S W T E J S Y
Y Q I L J W S V G F W Q J J E P I L N T H L A Z Z U H
Q I R B C Y D B T U U R S H J M S C K S G O D D A M N
P C W V P N C S C C S C A P V Z C V W H D I R T B A G
R P H R Q U H P K O A J Y P M Z H G U E H X O T X B
I F D D H M N X X Y S H I T S T A I N T G A L T Q I J
C I S V Z C T R G O V J A C K A S S Z U B B B H O H B G
K L J C V F F B V U K N X R Z W T X F P G S E C R A P
Y I T C H Y A I J K H L G T L X B O Z Y H O A H D Y O
U Y F Z O G C T O L H B I A U T W A T O A F E A R W U
P G B S Y S E C K S H I T K O X Q Y W W S U L Z Q I P
Q J B F F F H Q I H U A S L Y B A X X S C O L A D E
R V E N X I X Z M W N C W P V K U I Y I F K K U H I J
H A V I F V Q I I C P B G Y V G X A S Q A I S N J O I
G D Z R D M N L W U R F H U A E P G K O C N B Q E T B
B D B O T B F L Y Y T U R B X H S X L B E G F V O K H
H O I R U Z W A N X J C P K Q X H M D G U L K E P E R
S U O V A I C J N J G K G S A E E U Y M W U Y I S W E
Z C T S O V J O U W S I B O I I E Y L U S T I A I A G
X H W O V S J R H X K N C O T Q P C U C Q E I O M E R
F E R V W M F E X U J G R R T D F M S F W I L C S F F Q
E C I Z W A W T T H S L F O A W U D X V N Y G M C S Q
P A P I S S O F F A G I X I H N C W I U V P K U I U Z
C N E I M D O Q V L U A F B R P K E M W F O L N X K G
X O J Y L C B D D D A R D B A T E L N C X X P U F K M
Q E E B G V Z B P X U I H V J M R D X B F M K R R J O
```

FUCK YOU

SHUT UP

ABSOFUCKINGLUTELY

MOTHERFUCKER

CRAP

SHIT

GODDAMN

CUNTFACE

FUCKING CUNT

FUCKING LIAR

PISS OFF

TWAT

JACKASS

BITCHZILLA

COCKHEAD

DIRTBAG

DOUCHECANOE

DUMMY

PRICK

SHIT STAIN

SHEEPFUCKER

Colorful

Swearing Dreams

Swear Word Coloring Book for Adults

SWEARY WORD SEARCH

In Classrooms, there is always a ...

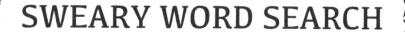

```
I T B A H N S Y S I E G V F S W D G C J C B
E R C S R B H Q W H S P R D S H A R I C U W
L U C S A D A Q V K F U Z S X P N E Y O M A
E J T M Y I M Q H X O M M I B O M A C T Q
V K U U B C D R D I C K T A R D V U D K A D
V C D N A K Z A S S H O L E K G S M I N R I
K U O C S H I J G C S L C R T A W G C U T C
Z N U H T E Q E B F L C Y V R T L N K G J K
F T C E A A T R I R R O H T F K B X B B O J
F S H A R D N K T F T C R M R P L G A E K A
H Q E O D M V A C K I K R R J X D K G T F C
M H P Z K T X S H B O S Y U X B I T C H E E
X S R I A Q L S Y N H U G R D L M E Q Z K M
L I U M O T H E R F U C K E R Z K T U J P J
T H U N D E R C U N T K D G W Q R C G A X X
O C G Q I L P Q Z M E E U K Y B G T K Y B B
E K M Y D X X H R L R M R X Y E O B N G W B
Q G U T I Y D E A M P X B Z D I C K W A D P
J A E B W K Z O G C N F S L G L S Z V U Y Y
N L Q J W E G T Z M A H X F D I P S H I T
U J L B Z B O J G P X O I A F D I K R H J W
U S S M O O J D F K Z O T O J P B N J U R W
```

ASSHOLE
DICKHEAD
BITCH
DICKFACE
ASSMUNCH
DOUCHE
BASTARD

MOTHERFUCKER
COCKSUCKER
DIPSHIT
DICKTARD
CUNT
THUNDERCUNT
BITCHY

COCKNUGGET
CUMTART
DICKBAG
DICKWAD
DUMBSHIT
JERKASS

Colorful Swearing Dreams

Swear Word Coloring Book for Adults

CRYPTOGRAM 1

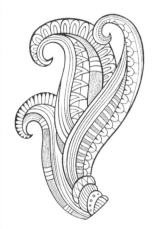
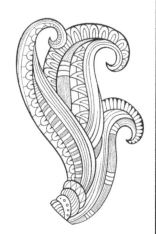

ELD VAXJP VSCHASIU CIS TRLIXBXSZ

___ _____ _____ ___ _____

MCMEUXVVSIU NSRR RSV GS MIXJT

_____ ____ ___ __ *BRING*

VAXIVE MCUVCIZU XJ ELDI RXQXJT

_____ _____ __ ____ _____

ILLG

____

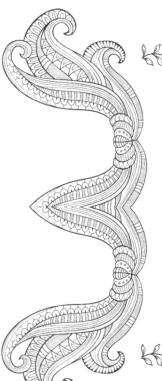

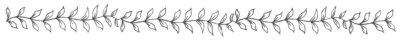

HS H ZAHKGAT VQ GXUUYAS HTA

__ _ _____ __ _____ ___

SGXCCYFO HZ ZGA PXEEHT SGXC

_____ __ ___ _____ ____

EASSXF CEHFFYFO HFP RIYAZ ZYVA

_____ *PLANNING* ___ _____ ____

JYZG ZGA KXCYAT

____ ___ _____

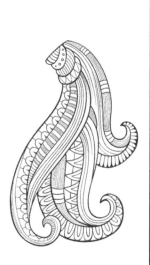

QAUIB NWZ OWPPHH ZW SONWWM

_____ ___ _____ __ _____

SZRAZ TWUIB R EUMMUWI ZNUIBS

_____ _____ _ _____ _____

PWABWZ FWV QAWVBNZ OWPPHH

_____ ___ _____ _____

MUYH R TVEQRSS RIT TAUIY UZ

____ _ *DUMBASS* ___ _____ __

OWMT

____

Colorful Swearing Dreams

Swear Word Coloring Book for Adults

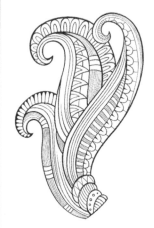
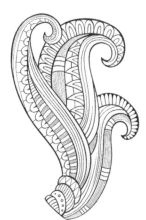

CRYPTOGRAM 2

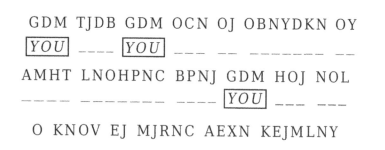

GDM TJDB GDM OCN OJ OBNYDKN OY
YOU ____ _YOU_ ___ __ _____ __

AMHT LNOHPNC BPNJ GDM HOJ NOL
____ _____ ____ _YOU_ ___ ___

O KNOV EJ MJRNC AEXN KEJMLNY
_ ____ __ _____ ____ _____

BPEVN QVOJJEJU VNYYDJY
_____ _____ _____

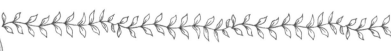

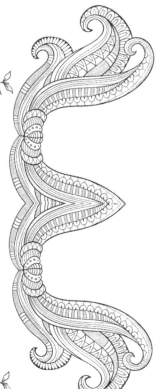

KL UTLKDZ PK AEBZZFLLC ABEC NTD
__ _____ __ _____ ____ ___

VQAS HLOK GLQF VBADXLLS
____ ____ _YOUR_ _____

NPCDEPKD PZ VQEE LV ZTPN
_____ __ ____ __ ____

BKGOBG
_____

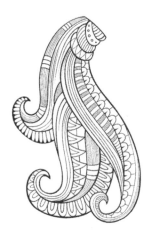
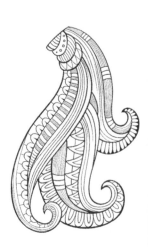

QVLSXEW VYY V ME LCAMLIO DVLBO
_____ ___ _ __ _____ _____

GXYY QVSC PMJL YXFC OM QJDT
____ ____ ____ _LIFE_ __ ____

FJDSXEW CVOXCL
_____ _____

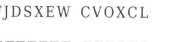

Colorful Swearing Dreams

Swear Word Coloring Book for Adults

CRYPTOGRAM 3

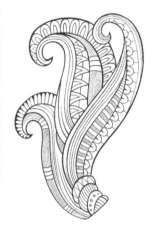
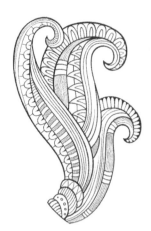

MPQ IKT JP OP OZS CKOZFPPY KO
___ ___ __ __ THE _____ __

ODP HEVOETIO OEYS PA OZS HKM
___ _____ ____ __ THE ___

NQTIZ KTH LNKTTETJ LSFEPH AQIW
_____ ___ _____ _____ ____

MSKZ
____

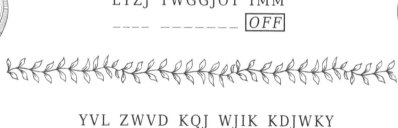

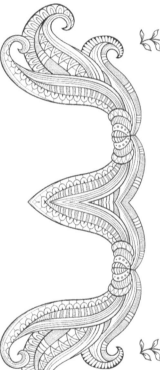

QIW BCIN QIW YOJ Y KIAAYGC
___ ____ ___ ___ _ _____

PJYHLJO NLJC QIW NYCP PI TUYE PLJ
_____ ____ ___ ____ __ ____ ___

CJRP YTTLIUJ NLI TYQT VP GWTP FJ
____ _____ ___ ____ __ ____ __

CVHJ PI NIOB TJZJC PI PLOJJ YCA
____ __ ____ _____ __ _____ ___

LYZJ TWGGJOT IMM
____ _____ OFF

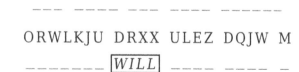

YVL ZWVD KQJ WJIK KDJWKY
___ ____ ___ ____ _____

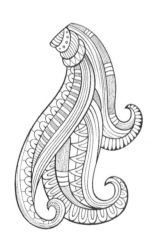

ORWLKJU DRXX ULEZ DQJW M
_____ WILL ____ ____ _

AMPJWK UMYU R QMGJ M BPJMK
_____ ____ _ ____ _ _____

RSJM R DVLXS XRZJ KV SRUELUU R
____ _ _____ ____ __ _____ _

KQRWZ RK DRXX CJ UV OLEQ FLW
_____ __ WILL __ __ ____ ___

Colorful

Swearing Dreams

Swear Word Coloring Book for Adults

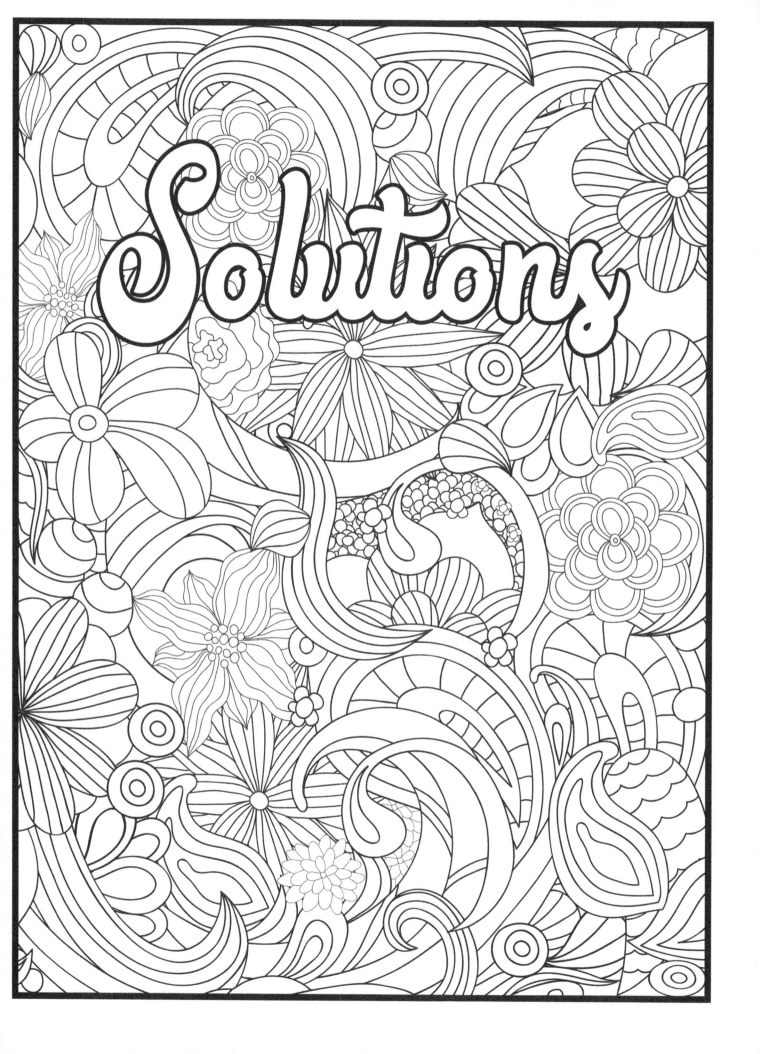

Colorful Swearing Dreams

Swear Word Coloring Book for Adults

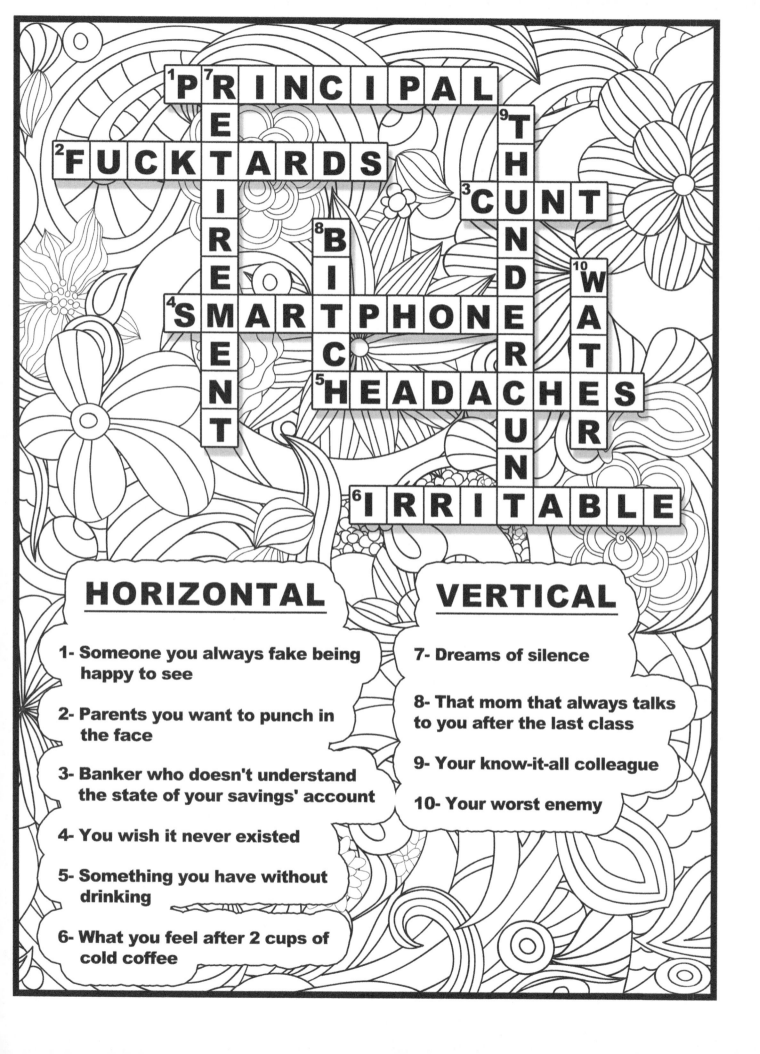

HORIZONTAL

1- Someone you always fake being happy to see

2- Parents you want to punch in the face

3- Banker who doesn't understand the state of your savings' account

4- You wish it never existed

5- Something you have without drinking

6- What you feel after 2 cups of cold coffee

VERTICAL

7- Dreams of silence

8- That mom that always talks to you after the last class

9- Your know-it-all colleague

10- Your worst enemy

Colorful
Swearing Dreams

Swear Word Coloring Book for Adults

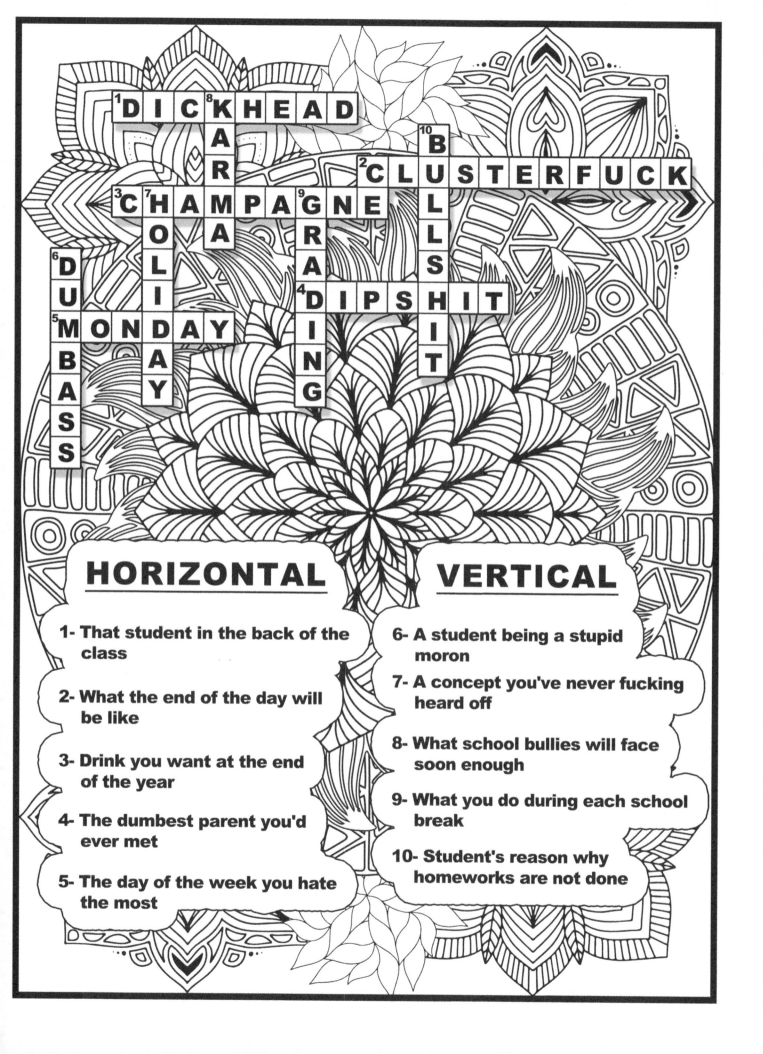

HORIZONTAL

1- That student in the back of the class

2- What the end of the day will be like

3- Drink you want at the end of the year

4- The dumbest parent you'd ever met

5- The day of the week you hate the most

VERTICAL

6- A student being a stupid moron

7- A concept you've never fucking heard off

8- What school bullies will face soon enough

9- What you do during each school break

10- Student's reason why homeworks are not done

Colorful Swearing Dreams

Swear Word Coloring Book for Adults

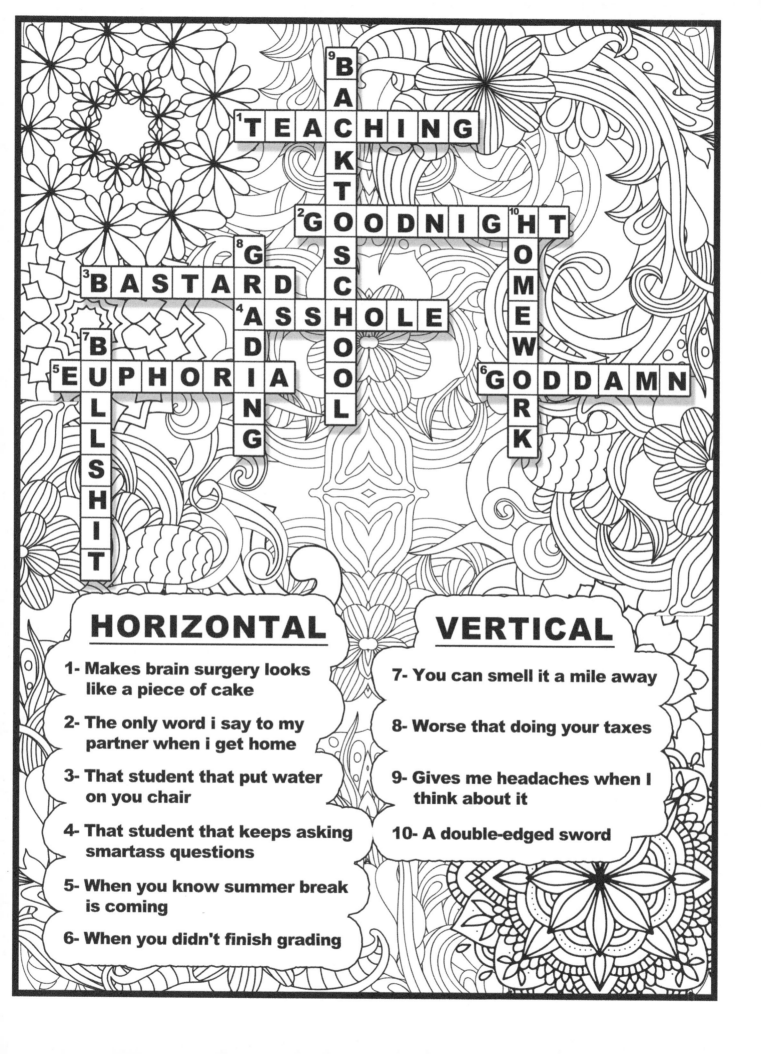

TEACHING

GOODNIGHT

BASTARD

ASSHOLE

EUPHORIA

GODDAMN

BACKTOSCHOOL

GRADING

BULLSHIT

HOMEWORK

HORIZONTAL

1- Makes brain surgery looks like a piece of cake

2- The only word i say to my partner when i get home

3- That student that put water on you chair

4- That student that keeps asking smartass questions

5- When you know summer break is coming

6- When you didn't finish grading

VERTICAL

7- You can smell it a mile away

8- Worse that doing your taxes

9- Gives me headaches when I think about it

10- A double-edged sword

Colorful Swearing Dreams

Swear Word Coloring Book for Adults

SWEARY WORD SEARCH

Four letter words you know pretty well

A	S	D	W	J	I	Z	Z	S	A	Y	
R	L	A	M	S	D	J	C	O	C	K	
S	U	M	J	P	O	K	T	A	R	D	
E	T	N	D	I	C	K	C	G	Q	V	
J	E	R	K	S	I	Z	R	X	P	T	
W	T	I	T	S	Y	P	A	S	J	U	
R	C	T	U	P	O	O	P	H	K	R	
H	E	L	L	C	B	D	P	I	N	D	
R	S	L	A	G	U	U	A	T	O	V	
V	C	U	N	T	T	M	V	I	B	M	
T	A	W	Z	N	T	B	F	U	C	K	

FUCK   HELL   JIZZ
SHIT   TURD   PISS
CUNT   POOP   SLUT
CRAP   JERK   ARSE
DUMB   BUTT   TITS
DAMN   COCK   KNOB
DICK   TARD   SLAG

Colorful Swearing Dreams

Swear Word Coloring Book for Adults

SWEARY WORD SEARCH

What Teachers think of annoying parents

```
V T O B G D E W R H U C A B D U X N B O P G
D D H P Q H D U M B A S S W W O X Q Z Q L O
W J M O T H E R F U C K E R M F V E R B H V
C R A C K W H O R E C N T G V I B J P J Q R
A S S C L O W N C W L G Y B P D B C F Z M J
Q E X I N G F S B W I O F A S S S H I T L D
X N L U T A L J Y S T F H P Q B G R Z R P A
Z F F M F S T H O V F H F C U N T Z I L L A
S H I T H E A D X M A F U X H V G K E Y A N
V P L L N P Z H Y M C U C H J U D B A N S G
I W W J W I M S O C E C K W D E J A S M S C
V E S J A K P V F O V K I S C H Z O S R B U
M O R O N J B U U C T W N R P Z S U M E A X
B D J D K G K Q C K T I G A W P A O O Z G Q
S W C X E I U J K S B T C C M O R O N S I A
F Y J F R G A N E U K O U Q U C F K K P E Q
F U C K T A R D R C Z Y N W E J O F E O Z U
W W H O R E F V P K L P T G P Q O H Y W Q B
B O L L O C K S W E C Z Y H F J D X A O H W
X S Y S Z I C J X R K Z W U B L W D M Z F Y
F Y G T O E Q H O F A T A S S W E R S B X D
M F F R Y Q H F T D E E D A M J O Z D Z F B
```

DUMBASS
FUCKTARD
FUCKWIT
CUNTZILLA
MORON
WANKER
FATASS

MORON
FUCKER
COCKSUCKER
SHITHEAD
WHORE
ASSBAG
IDIOT

ASSCLOWN
ASSFACE
ASSMONKEY
ASSSHIT
BOLLOCKS
CLITFACE
CRACKWHORE

Colorful
Swearing Dreams
Swear Word Coloring Book for Adults

SWEARY WORD SEARCH

What Teachers want to scream to their students

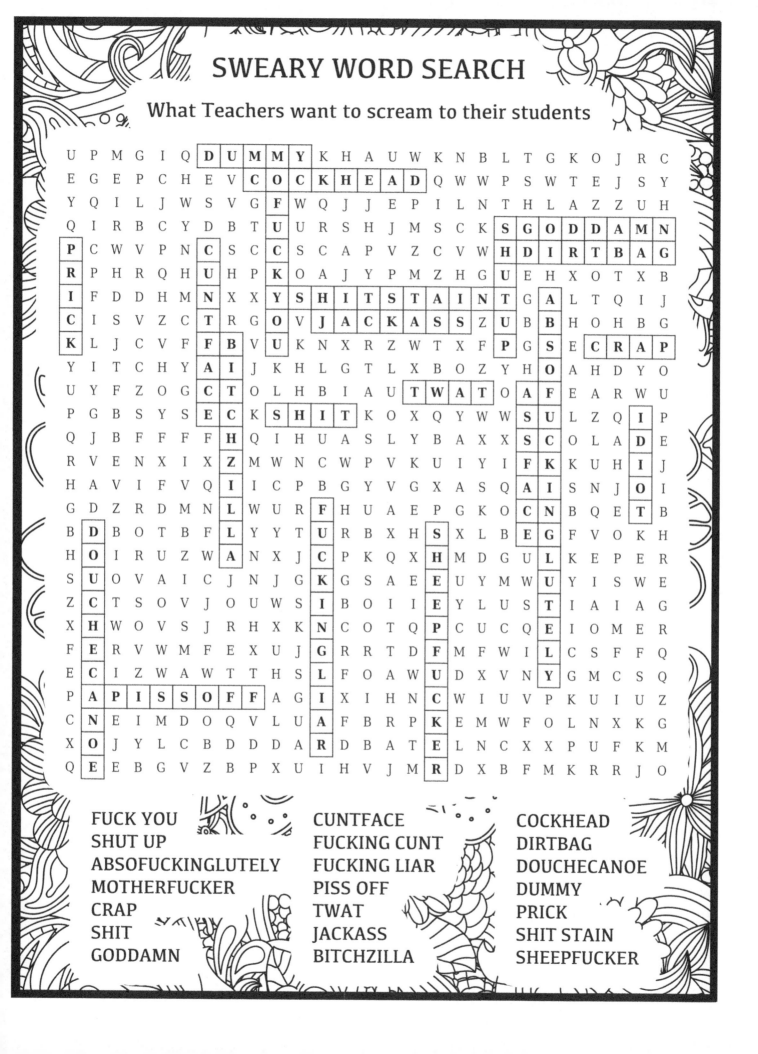

FUCK YOU
SHUT UP
ABSOFUCKINGLUTELY
MOTHERFUCKER
CRAP
SHIT
GODDAMN

CUNTFACE
FUCKING CUNT
FUCKING LIAR
PISS OFF
TWAT
JACKASS
BITCHZILLA

COCKHEAD
DIRTBAG
DOUCHECANOE
DUMMY
PRICK
SHIT STAIN
SHEEPFUCKER

Colorful Swearing Dreams

Swear Word Coloring Book for Adults

SWEARY WORD SEARCH

In Classrooms, there is always a …

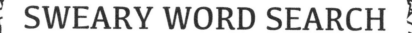

```
I  T  B  A  H  N  S  Y  S  I  E  G  V  F  S  W  D  G  C  J  C  B
E  R  C  S  R  B  H  Q  W  H  S  P  R  D  S  H  A  R  I  C  U  W
L  U  C  S  A  D  A  Q  V  K  F  U  Z  S  X  P  N  E  Y  O  M  A
E  J  T  M  Y  I  M  Q  H  X  O  M  M  M  I  B  O  M  A  C  T  Q
V  K  U  U  B  C  D  R  D  I  C  K  T  A  R  D  V  U  D  K  A  D
V  C  D  N  A  K  Z  A  S  S  H  O  L  E  K  G  S  M  I  N  R  I
K  U  O  C  S  H  I  J  G  C  S  L  C  R  T  A  W  G  C  U  T  C
Z  N  U  H  T  E  Q  E  B  F  L  C  Y  V  R  T  L  N  K  G  J  K
F  T  C  E  A  A  T  R  I  R  R  O  H  T  F  K  B  X  B  G  N  F
F  S  H  A  R  D  N  K  T  F  T  C  R  M  R  P  L  G  A  E  K  A
H  Q  E  O  D  M  V  A  C  K  I  K  R  R  J  X  D  K  G  T  F  C
M  H  P  Z  K  T  X  S  H  B  O  S  Y  U  X  B  I  T  C  H  E  E
X  S  R  I  A  Q  L  S  Y  N  H  U  G  R  D  L  M  E  Q  Z  K  M
L  I  U  M  O  T  H  E  R  F  U  C  K  E  R  Z  K  T  U  J  P  J
T  H  U  N  D  E  R  C  U  N  T  K  D  G  W  Q  R  C  G  A  X  X
O  C  G  Q  I  L  P  Q  Z  M  E  E  U  K  Y  B  G  T  K  Y  B  B
E  K  M  Y  J  D  X  X  H  R  L  R  M  R  X  Y  B  N  G  Y  B  B
Q  G  U  T  I  Y  D  E  A  M  P  X  B  Z  D  I  C  K  W  A  D  P
J  A  E  B  W  K  Z  O  G  C  N  F  S  L  G  L  S  Z  V  U  Y  Y
N  L  Q  J  W  E  G  T  Z  N  M  A  H  X  F  D  I  P  S  H  I  T
U  J  L  B  Z  B  O  J  G  P  X  O  I  A  F  D  I  K  R  H  J  W
U  S  S  M  O  O  J  D  F  K  Z  O  T  O  J  P  B  N  J  U  R  W
```

ASSHOLE
DICKHEAD
BITCH
DICKFACE
ASSMUNCH
DOUCHE
BASTARD

MOTHERFUCKER
COCKSUCKER
DIPSHIT
DICKTARD
CUNT
THUNDERCUNT
BITCHY

COCKNUGGET
CUMTART
DICKBAG
DICKWAD
DUMBSHIT
JERKASS

Colorful Swearing Dreams

Swear Word Coloring Book for Adults

CRYPTOGRAM 1

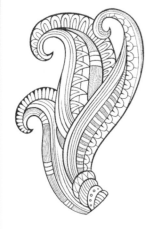
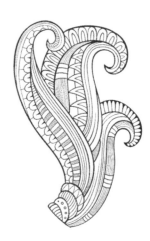

ELD VAXJP VSCHASIU CIS TRLIXBXSZ
MCMEUXVVSIU NSRR RSV GS MIXJT
VAXIVE MCUVCIZU XJ ELDI RXQXJT
ILLG

YOU THINK TEACHERS ARE
GLORIFIED BABYSITTERS WELL LET
ME BRING THIRTY BASTARDS IN
YOUR LIVING ROOM

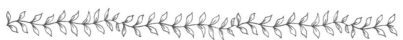

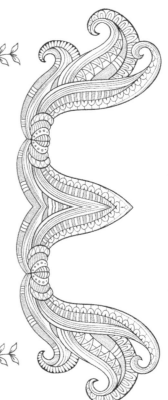

HS H ZAHKGAT VQ GXUUYAS HTA
SGXCCYFO HZ ZGA PXEEHT SGXC
EASSXF CEHFFYFO HFP RIYAZ ZYVA
JYZG ZGA KXCYAT

AS A TEACHER MY HOBBIES ARE
SHOPPING AT THE DOLLAR SHOP
LESSON PLANNING AND QUIET TIME
WITH THE COPIER

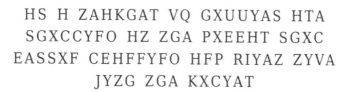

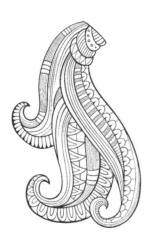
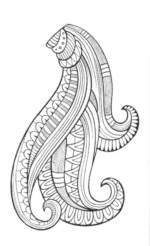

QAUIB NWZ OWPPHH ZW SONWWM
SZRAZ TWUIB R EUMMUWI ZNUIBS
PWABWZ FWV QAWVBNZ OWPPHH
MUYH R TVEQRSS RIT TAUIY UZ
OWMT

BRING HOT COFFEE TO SCHOOL
START DOING A MILLION THINGS
FORGOT YOU BROUGHT COFFEE LIKE
A DUMBASS AND DRINK IT COLD

Colorful Swearing Dreams

Swear Word Coloring Book for Adults

CRYPTOGRAM 2

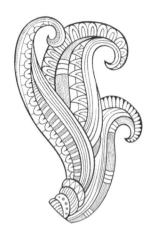
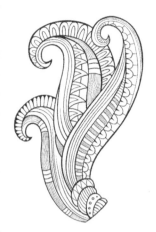

GDM TJDB GDM OCN OJ OBNYDKN OY
AMHT LNOHPNC BPNJ GDM HOJ NOL
O KNOV EJ MJRNC AEXN KEJMLNY
BPEVN QVOJJEJU VNYYDJY

YOU KNOW YOU ARE AN AWESOME
AS FUCK TEACHER WHEN YOU CAN
EAT A MEAL IN UNDER FIVE
MINUTES WHILE PLANNING
LESSONS

KL UTLKDZ PK AEBZZFLLC ABEC NTD
VQAS HLOK GLQF VBADXLLS
NPCDEPKD PZ VQEE LV ZTPN
BKGOBG

NO PHONES IN CLASSROOM CALM
THE FUCK DOWN YOUR FACEBOOK
TIMELINE IS FULL OF SHIT ANYWAY

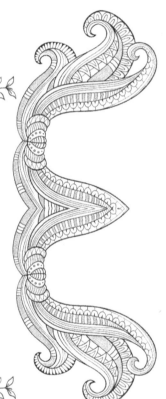

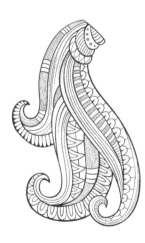
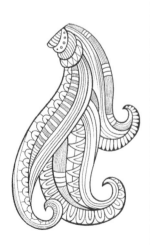

QVLSXEW VYY V ME LCAMLIO DVLBO
GXYY QVSC PMJL YXFC OM QJDT
FJDSXEW CVOXCL

MARKING ALL A ON REPORTS CARDS
WILL MAKE YOUR LIFE SO MUCH
FUCKING EASIER

Colorful

Swearing Dreams

Swear Word Coloring Book for Adults

CRYPTOGRAM 3

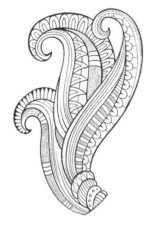
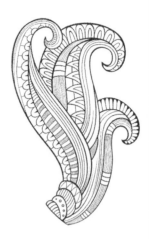

MPQ IKT JP OP OZS CKOZFPPY KO
ODP HEVOETIO OEYS PA OZS HKM
NQTIZ KTH LNKTTETJ LSFEPH AQIW
MSKZ

*YOU CAN GO TO THE BATHROOM AT
TWO DISTINCT TIME OF THE DAY
LUNCH AND PLANNING PERIOD FUCK
YEAH*

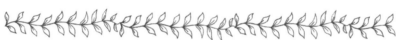

QIW BCIN QIW YOJ Y KIAAYGC
PJYHLJO NLJC QIW NYCP PI TUYE PLJ
CJRP YTTLIUJ NLI TYQT VP GWTP FJ
CVHJ PI NIOB TJZJC PI PLOJJ YCA
LYZJ TWGGJOT IMM

*YOU KNOW YOU ARE A GODDAMN
TEACHER WHEN YOU WANT TO SLAP
THE NEXT ASSHOLE WHO SAYS IT
MUST BE NICE TO WORK SEVEN TO
THREE AND HAVE SUMMERS OFF*

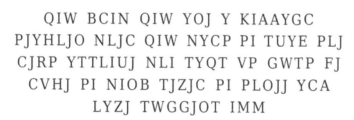

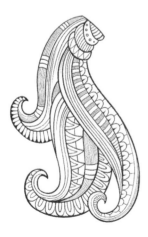
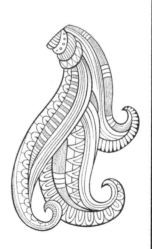
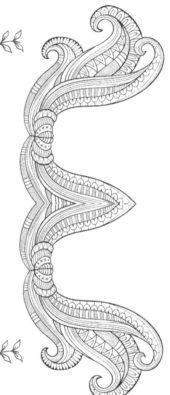

YVL ZWVD KQJ WJIK KDJWKY
ORWLKJU DRXX ULEZ DQJW M
AMPJWK UMYU R QMGJ M BPJMK
RSJM R DVLXS XRZJ KV SRUELUU R
KQRWZ RK DRXX CJ UV OLEQ FLW

*YOU KNOW THE NEXT TWENTY
MINUTES WILL SUCK WHEN A
PARENT SAYS I HAVE A GREAT IDEA I
WOULD LIKE TO DISCUSS I THINK IT
WILL BE SO MUCH FUN*

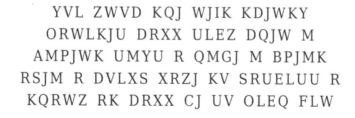

Colorful

Swearing Dreams

Swear Word Coloring Book for Adults

CHECK OUT OUR COLLECTION

If you enjoy our Swear Word Coloring Books for Adults, please also check out

OUR BEST SELLERS

https://www.amazon.com/dp/107837788X

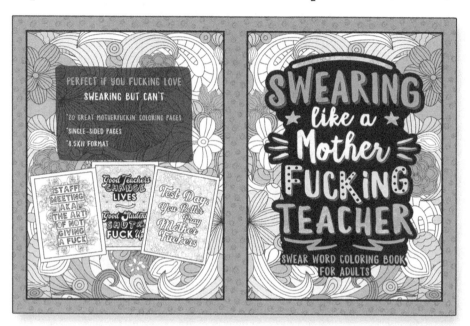

https://www.amazon.com/dp/1689474890

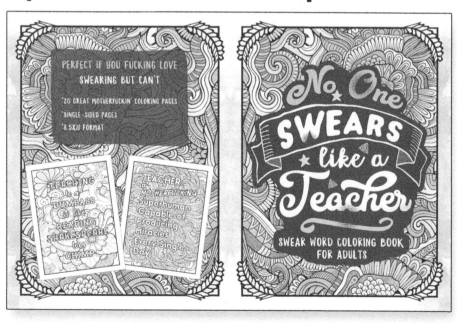

Colorful
Swearing Dreams

Swear Word Coloring Book for Adults

Colorful Swearing Dreams

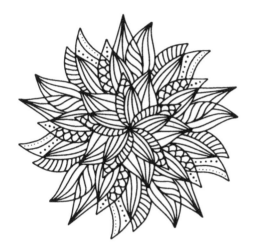

How is your stress level now?

Would you be kind enough to review our book?

Did the book allow you to put all the stress out of your mind, body and soul?
Hopefully you now feel fulfilled, relaxed and happy.

We sure put a lot of effort to provide you the best product possible that fits all your needs.

YOUR REVIEW is extremely valuable to us.
We don't see it as just a star rating, we read and study the feedbacks so we can
consistently improve our products to shape them how you want them to be.

We take pride in making quality products for your satisfaction.

That is why, we would really appreciate if you can take few minutes of your time and
leave us a review on our product's page.
That way, not only you will help other customers to make the right decision but
you will also allow us to make other quality products that can make funny & unique
gifts for your friends and family to just make them happy!

Made in the USA
Coppell, TX
09 December 2022

88316910R00039